令人着迷的中国旅行记

没有钉子的宫殿

MEIYOU DINGZI DE GONGDIAN

北京 上

乔 冰/著 智慧鸟/绘

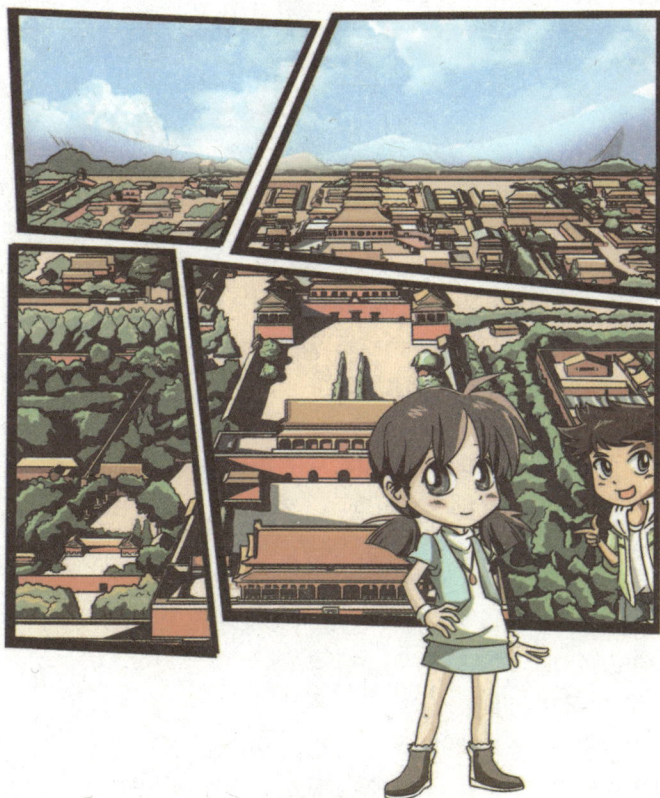

吉林出版集团股份有限公司

全国百佳图书出版单位

图书在版编目（CIP）数据

没有钉子的宫殿 : 北京. 上 / 乔冰著 ; 智慧鸟绘
. -- 长春 : 吉林出版集团股份有限公司, 2022.9（2024.3重印）
（令人着迷的中国旅行记）
ISBN 978-7-5731-2052-6

Ⅰ. ①没… Ⅱ. ①乔… ②智… Ⅲ. ①北京—地方史
—少儿读物 Ⅳ. ①K291-49

中国版本图书馆CIP数据核字(2022)第167502号

令人着迷的中国旅行记

MEIYOU DINGZI DE GONGDIAN BEIJING SHANG

没有钉子的宫殿——北京（上）

著　　者：乔　冰
绘　　者：智慧鸟
出版策划：崔文辉
项目策划：范　迪
责任编辑：姜婷婷
责任校对：徐巧智
出　　版：吉林出版集团股份有限公司（www.jlpg.cn）
　　　　　（长春市福祉大路5788号，邮政编码：130118）
发　　行：吉林出版集团译文图书经营有限公司
　　　　　（http://shop34896900.taobao.com）
电　　话：总编办 0431-81629909　　营销部 0431-81629880 / 81629881
印　　刷：唐山玺鸣印务有限公司
开　　本：720mm×1000mm　1/16
印　　张：8
字　　数：100千字
版　　次：2022年9月第1版
印　　次：2024年3月第2次印刷
书　　号：ISBN 978-7-5731-2052-6
定　　价：29.80元
印装错误请与承印厂联系　　电话：13691178300

前言

　　中国传统文化丰富多彩，民俗民风异彩纷呈，它不仅是历史上各种思想文化、观念形态相互碰撞、融会贯通并经过岁月的洗礼遗留下来的文化瑰宝，而且是中华民族几千年文明的结晶。而作为世界非物质文化遗产重要组成部分的中国非物质文化遗产，在历史、文学、艺术、科学等领域具有非同寻常的价值，正越来越受到世界各国政府、学术界及相关民间组织的高度重视。

本系列丛书为弘扬中国辉煌灿烂的传统文化，传承华夏民族的优良传统，从国学经典、书法绘画、民间工艺、民间乐舞、中国戏曲、建筑雕刻、礼节礼仪、民间习俗等多方面入手，全貌展示其神韵与魅力。丛书在参考了大量权威性著作的基础上，择其精要，取其所长，以少儿易于接受的内容独特活泼、情节曲折跌宕、漫画幽默诙谐的编剧形式，主人公通过非同寻常的中国寻宝之旅的故事，轻松带领孩子们打开中国传统文化的大门，领略中华文化丰富而深刻的精神内涵。

人物介绍

茜茜

11岁的中国女孩儿，聪明可爱，勤奋好学，家长眼中的乖乖女，在班里担任班长和学习委员。

布卡

11岁的中国男孩儿，茜茜的同学，性格叛逆，渴望独立自主，总是有无数新奇的想法。

瑞瑞

11岁的中国男孩儿，布卡的同学兼好友，酷爱美食，具备一定的反抗精神，对朋友比较讲义气。

欧蕊

11岁的欧洲女孩儿，乐观坚强，聪明热情，遇事冷静沉着，善于观察，酷爱旅游和音乐，弹得一手好钢琴。

塞西

9岁的欧洲男孩儿，活泼的淘气包，脑子里总是有层出不穷的点子，酷爱网络和游戏，做梦都想变成神探。

机器猫费尔曼

聪慧机智，知识渊博，威严自负，话痨，超级爱臭美；喜欢多管闲事，常常做出让人哭笑不得的闹剧。

华纳博士

43岁的欧洲天才科学家，热爱美食，幽默诙谐，精通电脑，性格古怪。

目 录

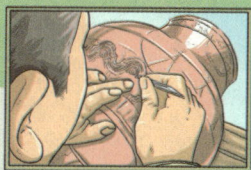

目录

第一章

Chapter 1

神秘的雇主

扫码获取

- ✅ 角色头像
- ✅ 阅读延伸
- ✅ 趣味视频

首都国际机场接机处，布卡和瑞瑞好奇地打量着站在他们面前的四位。

你们就是在网上出重金寻找向导的雇主？不会吧，怎么还有两个孩子？

世界真是太小了！

赶紧逃吧！她可是有名的百事通，我可不想在女生面前丢脸！

喂，你这么轻易就认输了？百折不挠才是我布卡的风格！

他们在嘀咕什么呢？

我们是好朋友。

啊？

北京机场VIP休息区

这个导游我当定了！正好过一把做大侦探的瘾啦！

可是从哪里开始查呢？

难怪人家说"不怕强大的对手，就怕猪一样的队友"！当然是从故宫博物院开始啦！

故宫那么大，难度可想而知啊！

湛蓝的天空下，故宫金黄色的琉璃瓦闪烁着耀眼的光芒。欧蕊和华纳博士激动地凝视着。

哇，太壮观了！

无与伦比！

太美了，我快无法呼吸了……

难怪它被称为"世界五大宫殿"之首，果然名不虚传！我要是能住在这里就好啦！

快醒醒，天还没黑呢，你就开始做美梦啦？

在古代，这里可是皇帝居住的地方！

紫禁城！因为这里曾是皇帝居住的地方，戒备森严，寻常百姓难以接近，"禁"字由此而来。那只爱做梦的机器猫听明白了吗？

故宫还有一个名字，你知道吗？

10

哼，幻想一下也不行吗？

咦？好奇怪！明明不是紫色的，为什么叫"紫禁城"？屋顶用的琉璃瓦明明是黄色的啊！

这……瑞瑞，轮到你回答问题啦！

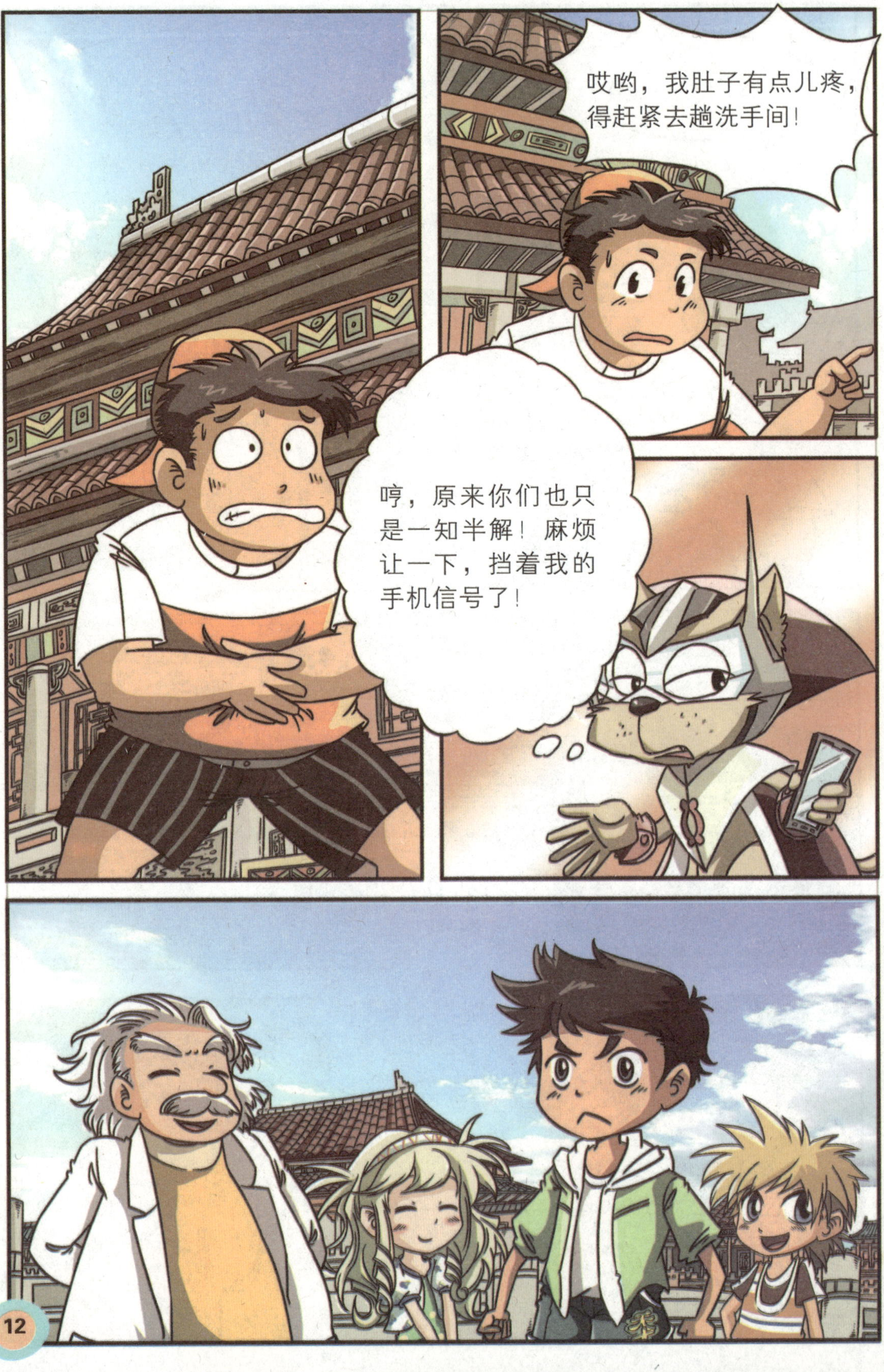
哎哟，我肚子有点儿疼，得赶紧去趟洗手间！
哼，原来你们也只是一知半解！麻烦让一下，挡着我的手机信号了！

你们猜猜故宫总计有多少个房间?

故宫总计有9999.5间房,如果一个婴儿从出生开始住,每天换不同的房间,要住到27岁才能把所有房间住一遍!

上帝啊!

那只是传说!正确的答案是8707间!

塞西和机器猫来回蹦跶着，打算数数紫禁城里是不是真有8707个房间。

看起来跟我家的房间很不一样……

对呀，到底怎样才算一个房间啊？

这里的"间"并不是房间，而是四根房柱所形成的空间。

我听说紫禁城位于北京的中轴线上，是这样吗？

谁是"世界五大宫殿"之首？

机器猫说故宫是"世界五大宫殿"之首，小朋友，你知道这五大宫殿分别是哪里吗？

　　故宫位居"世界五大宫殿"之首，是当今世界上现存规模最大、建筑最雄伟、保存最完整的古代宫殿和古建筑群，所有的建筑都是木结构，黄琉璃瓦顶，青白石底座。整个建筑金碧辉煌，庄严绚丽，1987年被列为"世界文化遗址"。

其余四个宫殿分别为法国的凡尔赛宫、英国的白金汉宫、俄罗斯的克里姆林宫和美国的白宫。

"紫禁城" 名字因何而来?

"禁"字如布卡的解释，而"紫"字是怎么来的？当然不是像机器猫想象的那样，由故宫的建筑颜色来决定。

中国古代天文学认为"紫微星"（即北极星）居于中天，被众星围绕，而且位置永恒不变，就像古代的帝王，所以"紫微星"被古人视为"帝王之星"。天上最高的统治者是天帝，他住的宫殿就是"紫宫"，皇帝自命为天帝之子，即天子，他住的宫殿也应该叫"紫宫"。

这样一来，"紫禁城"这个名字就诞生了。

故宫位于北京的中轴线上?

　　故宫是明、清两代的皇宫，曾居住过24位皇帝。

　　故宫位于北京城的中轴线上，该中轴线同时穿过皇城正中。三大殿、后三宫、御花园都位于这条中轴线上，并向两旁展开，南北取直，左右对称。

　　这条中轴线贯穿在紫禁城内，南达永定门，北到鼓楼、钟楼，贯穿了整个北京，气魄宏伟，规划严整，极为壮观。

故宫的修建用时多久？

　　故宫是由明成祖朱棣在元大都宫殿的基础上兴建的，始建于1406年（永乐四年），1420年（永乐十八年）基本竣工，历时14年。

　　故宫占地面积72万平方米，建筑面积15万平方米，设计者蒯祥（1397—1481年，字廷瑞）用了10万名最优秀的工匠和100万名普通劳工修建，主要建筑是太和殿、中和殿和保和殿。故宫里有殿、宫、堂、楼、斋、轩、阁，总计8707间。

第二章
Chapter 2

没有钉子的宫殿

扫码获取
☑ 角色头像
☑ 阅读延伸
☑ 趣味视频

是的！故宫分为外朝和内廷，外朝以太和殿、中和殿和保和殿为主，是皇帝处理政务、举行朝会及其他重要庆典的场所，而内廷是皇帝和后妃的生活区。明清24位皇帝都在太和殿举行盛大典礼，比如皇帝登基。

也太富丽堂皇了吧？！皇帝就在这里登基吧？

我的眼力很准吧？！

布卡、瑞瑞一起撇嘴，机器猫娴熟地查找着数据库里的资料。

太和殿是故宫里最大的宫殿，还有一个好听的名字——金銮殿！

果然名副其实啊！

皇帝大婚、册立皇后等大的庆典活动也在这里举行！
你知道这么多，去前面带路好了！
咦？到底你是导游还是我是导游？
我是在考你而已，难道你没听出来？
冷宫
电视剧里经常上演嫔妃被关进冷宫，这冷宫在哪里呀？
你的兴趣点还挺特别……
瑞瑞、茜茜，你们能不能扮演大臣，在这里给我跪拜，像电视剧里那样高呼“万岁”？
你会不会想太多了？

欧蕊在太和殿里走来走去，目光在一根根柱子上移动。

好粗的柱子啊！这一根要三个人才能环绕过来吧？从哪里搜罗来这么多木头柱子啊？

会不会聊天？！

故宫是世界上规模最大、保存最完整的古代木结构建筑群！里面所有的建筑都是用木头做的！

有一段精彩的故事……

我们打个赌吧，倘若你们能发现任何一处建筑不是用木头做的，我就请你们吃北京烤鸭！

好！

全聚德

塞西和华纳博士顿时来了精神，在太和殿里上蹿下跳地搜寻起来。他们累得气喘吁吁，却还是没有找到非木头做的部分。

就算它们全部是用木头做的，总要用钉子来固定吧？哼，我就专门找钉子好啦！

华纳博士举着一个放大镜，对着一根根木头柱子上照下照，表情很是困惑。

没道理呀，这么
大的宫殿竟然没
有一根钉子？
华纳博士，您别找了！
整座故宫的建造的确没
有用一根钉子。
怎么可能？
中国的木结构建筑营造
技艺已经延承了约7000年，盖
出的房子牢固无比。

我也不信！没有钉子紧固，柱子怎么可能支撑住如此庞大的宫殿？早就塌了！

请跟我来！

吹牛！

这……爱信不信！

这就是故宫里最大的门——午门。你们觉得它的形状像什么？

门还能像什么？当然是门啦！

这个午门的造型，像不像一个"凹"字？

真的很像啊！

那又如何？

也是，就算它像个"凹"字，也还是紫禁城里的一道门而已，有什么特别的？

那我就解释得更清楚点儿。看到这张图片了吗?

图片上右边的木头,也像一个"凹"字。

凸出来的叫作"榫头",呈现"凹"字形的叫作"卯眼",它们组合在一起,就是木头的灵魂——榫卯。

木头的故事

茜茜一再被打断的关于木头的故事，是什么呢？

原来，庞大的故宫全部是木结构建筑，所选的木材有严格的标准，其中还有一些罕有的被称为"神木"的巨木。这样一来，建造故宫就需要大量的木材，而北京周围难以解决。永乐大帝便派出大批官员，以监督采运木材的身份，奔赴江苏、浙江、云南、贵州、四川等盛产木材的省份采伐。

　　好的木材都产于人烟稀少的险绝之地，其中罕见的楠木遇雨会散发出阵阵幽香，而且天然防虫，成为皇家最钟爱的木材。

　　工人们被派往常有猛兽出没的密林里采伐楠木，楠木被伐倒后，通常要等待雨季到来，利用洪水将它们冲出深山，然后结成木筏，由水路经运河发往北京。从采伐到运至北京，一般需要3—5年的时间。

木头的灵魂

中国木结构的建筑是人与自然和谐相处的例证：一座宫殿，由几万根木材建造而成，全凭榫卯交叉、错插结构，便可以屹立千百年。

1937年6月，中国研究传统建筑的先驱梁思成、林徽因夫妇，几经艰辛站在五台山一座千年古刹前时发现，兴建于唐代的佛光寺经历千余年，梁柱间的榫卯结构依然紧密相扣，不离不弃。

几种常用的榫。

榫卯

榫卯结构的起源非常早，在建于约7000年前的浙江余姚河姆渡文化遗址，就发掘出了大量结合完好的多种式样的榫卯结构遗物。

榫卯的"凹凸"理念体现了中国古人对这个世界的态度：凡事不绝对，留有余地，讲究分寸。

榫卯结构的建筑有很好的抗震效果。地震时，采用榫卯结合的空间结构会消耗地震传来的能量。

这是浙江余姚河姆渡文化遗址中发现的榫卯。

第三章

chapter 3

头绪乍现

扫码获取

- ☑ 角色头像
- ☑ 阅读延伸
- ☑ 趣味视频

听起来太夸张了，哈哈……

你们女生科幻片看多了吧？

榫卯若使用得当，两块木结构之间就能严密扣合，达到"天衣无缝"的程度，连水都透不过去！

你就继续吹牛吧！

就算茜茜说得对，你们也不用这么激动吧？

哇，这张照片可以参加摄影展啦！

小鸟踩着的是什么呀？怎么感觉跟曲线旁边的这个造型有点儿像？

还真挺像的！

这画的应该就是斗拱。

茜茜，你认识这个图形？

那就是斗拱啦，其实就是一种独特的榫卯结构。我好像有点儿头绪了……

午门

斗拱

刚才还模糊的曲线，怎么突然变得清晰起来啦？这看起来像是……

地图！我明白了，每破解一个猜字游戏，就会出现一部分地图。

如果我们破解了所有的猜字游戏，完整的地图就会分别出现在古书的页面上……

然后我们把这些分散的地图按照顺序拼在一起……

我怎么没想到！
那我们还等什么？赶紧破解第二个猜字游戏啊！
咦？布卡，这一列中文的小字是什么？
乾隆四十四年除夕夜……什么意思啊？你们的祖先彼得不是个天才，就是个疯子！

木结构建筑的精灵

　　故宫的太和殿、保和殿等建筑体积庞大，居然没有一点儿沉重感，反而因为凌空翘起的飞檐划出了一道弧形的轮廓线，使面积很大的屋顶变得轻巧起来，整个建筑极富神韵。而这个功劳，就来自斗拱——中国木结构建筑的精灵。

　　斗拱是榫卯的一种特殊结构，能把屋檐的重量均匀地托住，起到平衡稳定的作用。

斗拱

早期斗拱

　　斗拱是以榫卯的形式连接组合而成的，而已知最早的榫卯构件出现于新时期时代的河姆渡遗址中。在洛阳出土的西周青铜器"矢令簋"的基座上出现了四个矮柱上承皿板，在河北平山县出土的战国时期中山王墓中的四龙四凤铜方案，在它们身上可以看到早期斗拱的形象。

早期斗拱的形象

斗拱的产生和发展有着非常悠久的历史。从两千多年前战国时期采桑猎壶上的建筑花纹图案，以及汉代保存下来的墓阙、壁画上，都可以看到早期斗拱的形象。

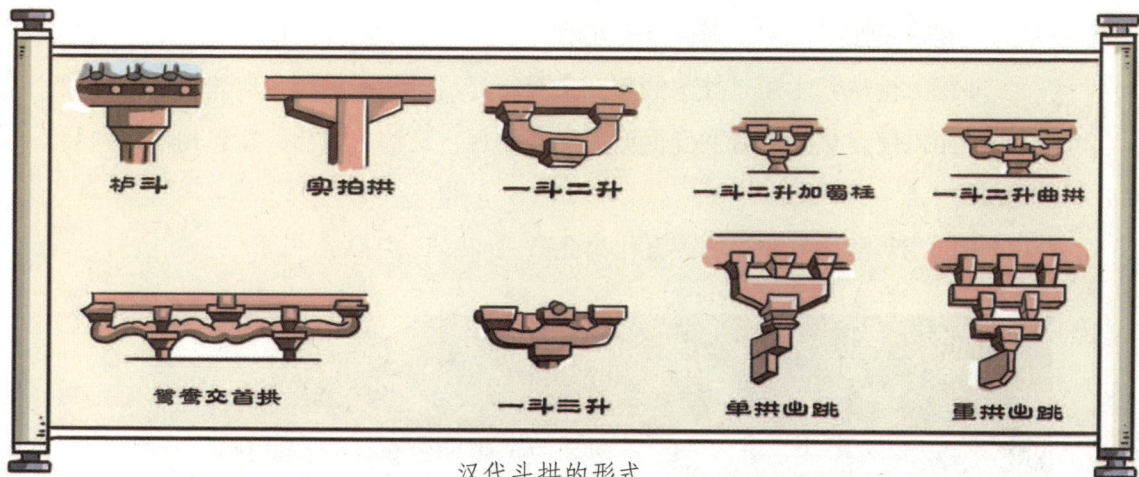

卢斗　　　实拍拱　　　一斗二升　　　一斗二升加蜀柱　　　一斗二升曲拱

鸳鸯交首拱　　　　一斗三升　　　　单拱出跳　　　　重拱出跳

汉代斗拱的形式

各时代斗拱的形式不同，产生的艺术效果也不同。其中转角斗拱的结构最为复杂，所起的装饰、连接、支撑作用也最大。

转角斗拱

被皇帝独占的斗拱

明清时期，普通民房是不允许使用斗拱的，而最富有装饰性特征的斗拱的最高形制——镏金斗拱，则被皇帝独占。

斗拱无论从艺术还是技术的角度来看，都足以代表中国古典建筑的精神和气质。斗拱使建筑物的造型变得更加优美壮观，又构造精巧，能起到很好的装饰作用。

中国建筑学会将斗拱的图案作为会徽。

镏金斗拱

"吃货"的推理能力

几个脑袋凑在一起，抓耳挠腮地冥思苦想起来。

我知道啦！塞西、欧蕊，想不到你们的祖先竟然是个比我还正宗的"吃货"！

乾隆四十四年除夕夜和"吃货"有什么关系？

大脑是用来思考的，不是……算了，我还是给你些提示吧：除夕夜最重要的事情是什么？

当然是吃大餐啦，鱼啊，肉啊，鸡啊，虾啊，水饺啊……

哇……普通人的年夜饭都这么丰盛了，那乾隆皇帝的除夕夜，得准备多少好吃的？

费尔曼，你搜索一下，看能不能找到那天的菜单？

我虽然不介意查找菜单，但是我很介意你下达指令的时候，把口水滴到了我的脚上！

"吃货"的推理能力太有局限性了！皇帝的除夕夜怎么可能只有吃那么无聊？

你的意思是？

他肯定要准备很多荷包，赏赐给身边的人吧？荷包里通常都放着金如意、玉如意等各种珍宝……

我还是没听懂。

太没默契了！我是提议去珍宝馆看看，说不定能发现些线索！

财迷的推理……不过，好像有那么一点儿道理。

珍宝馆里，众人看着琳琅满目的藏品目瞪口呆。

乾隆四十四年除夕夜，陪宴的王公大臣们用的都是瓷或银质的餐具，只有乾隆皇帝用的是景泰蓝餐具……

49

难怪是皇帝专用！不过好像不都是蓝色呀，这一件偏红色，那一件偏黄色，那边那件有点儿发绿色……为什么叫"景泰蓝"，而不叫"景泰红""景泰黄"或者"景泰绿"？

茜茜？

顾叔叔？太巧啦！您怎么会在这里？

哇……茜茜姐，你赶紧拼凑"景泰蓝"几个汉字试试！

它也叫"铜胎掐丝珐琅"，俗称"珐蓝"，又称"嵌珐琅"。

怎么没反应？看来答案不对。顾叔叔，请问景泰蓝还有别的名字吗？

铜胎掐丝珐琅？好奇怪的名字！

似瓷非瓷

景泰蓝，亦称"铜胎掐丝珐琅"，已经有600多年的历史，在元朝后期即13世纪末从阿拉伯半岛传入，当时被称为"大食窑器"。

古代工匠很快掌握了"大食窑"的制作技艺，并结合中国的传统工艺，制作出了具有民族特色的景泰蓝。

由于表面有釉料，景泰蓝给人的第一感觉像瓷器。其实它是铜胎制作，比瓷器坚固，但因工艺高超，铜胎极薄，分量极轻。

景泰蓝工艺最早可追溯至元代，但元代工艺还很粗陋，胎型笨重，掐丝欠均匀，色彩也比较单调。

元代掐丝珐琅缠枝莲象耳炉

到了明代中期，该工艺臻至成熟，不仅制胎巧夺天工，釉色更是变幻万端，在宝石蓝、菜玉绿、鸡血红、车渠白之上，又新添了葡萄紫、翠蓝和玫瑰色，愈加纯净透亮，泛出晶莹可爱的宝石光泽。

皇室权力与地位的象征

中国的古代工艺绝大部分是官民共享，比如：瓷器，有官窑也有民窑；玉器，宫廷和民间都有制作。只有景泰蓝工艺，是一种宫廷艺术，是皇室权力与地位的象征。

自古便有"一件景泰蓝，十件官窑器"之说，也就是制作一件景泰蓝的成本，足够制作整整十件价值连城的官窑瓷器了。

乾隆独享的餐具

　　珐琅器皿在正式宴桌上，其地位远比瓷器及金银器尊贵。

　　铜胎掐丝珐琅多用纯铜制成，少数甚至用金做胎，材料本身价值不菲；此外它制作工艺十分复杂，既运用了青铜工艺，又结合了瓷器工艺，同时大量引进传统绘画和雕刻技艺，堪称集中国传统工艺之大成。

　　这样看来，乾隆皇帝专用它来彰显自己的帝王身份，也就不足为奇了。

第五章

Chapter 5

莫名穿越的众人

叔叔，你怎么说话吞吞吐吐的？

咦？那是什么？！

我的身体怎么飘浮起来了？喂，什么情况？！

光柱悄无声息地把众人带到了一个宫殿样式的建筑里。

根据这里景泰蓝陈设的工艺，我推断我们穿越到明朝了。

这是哪里啊？看起来很像故宫，可是又不太像。

嘘……有人来了！快躲起来！

如此狂热地迷恋景泰蓝的，除了景泰皇帝朱祁钰，还能有谁？

这是谁呀？比我还自恋。

都这么晚了，这些人还在做什么呀？

在皇宫里制作景泰蓝？为什么他们一人一个房间啊？

为了杜绝其工艺传入民间，历代帝王都将制作景泰蓝的工匠单独隔离，每人仅负责一道工序。

那叫点蓝，是展现景泰蓝魅力的最关键环节。

那个人像是在画画……

我猜出第二个猜字游戏的答案了！唔唔，谁捂住了我的嘴……

铜胎掐丝珐琅

　　景泰蓝是用紫铜做胎，在铜胎上用铜丝掐出各种图案，然后把珐琅釉料填充入焊好的铜丝框架中，工艺极为烦琐复杂，总计有108道工序。造型奇特的景泰蓝制作难度更高，非一般工匠可以完成。

　　景泰蓝主要制作工序分制胎、掐丝、点蓝、烧蓝、磨光、镀金等，其中最为复杂细致的工艺就是掐丝和点蓝。

工艺太复杂了！

哈哈，是啊！

制胎：将紫铜片按照图纸裁剪形状后，用铁锤敲打成各种造型的铜胎，然后经高温焊接。

掐丝：用镊子将压扁的细紫铜丝，掐成各种精美的图案花纹，再蘸上白及（一种中药），经900摄氏度的高温焙烧，将铜丝花纹牢牢地焊接在铜胎上。

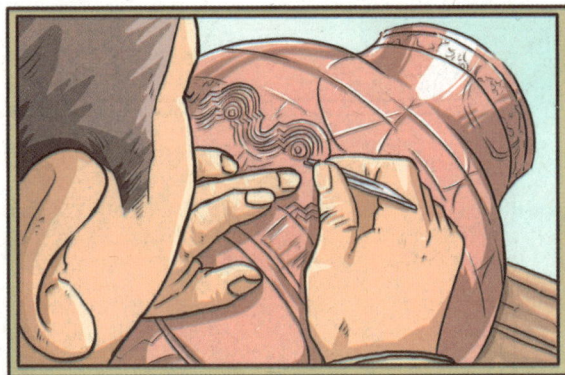

点蓝：把珐琅釉料依照图案所标示的颜色，一铲铲地填充入焊好的铜丝纹饰框架中。

唯一以帝王年号命名的传统工艺

　　景泰帝朱祁钰酷爱景泰蓝，甚至把生产作坊建在了紫禁城里。铜胎掐丝珐琅器的制作在景泰年间得到了巨大发展，尤其是蓝色釉料有了新的突破，有淡白微绿的天蓝，有凝重的钴蓝，有蓝宝石般浓郁的宝蓝，多层次的蓝色都被用来做底色，烧成后清新雅丽、高贵华美。

明景泰掐丝珐琅番莲纹盒

景泰蓝冰箱

　　这对景泰蓝冰箱为清代乾隆年间制作，工艺精细，色彩艳丽。盖的边缘饰以镏金，夏天时在里面放置冰块，通过盖上的两个钱纹孔散发冷气。原是宫廷之物，后来被末代皇帝溥仪偷运出宫，因重量太大运输不便，在天津拍卖了。1985年，这对流失了半个多世纪的国宝，终于回到了紫禁城。

第六章

Chapter 6

布卡的计划

 扫码获取

☑ 角色头像
☑ 阅读延伸
☑ 趣味视频

在紫禁城一个僻静处，华纳博士指挥着机器猫，在古书的第二页拼凑出"点蓝"的字样。

地图！

叔叔，你真的猜出来了！

这就是答案？我们还没去乾隆四十四年的除夕夜呢！

华纳博士，您是怎么推理出这个答案的？

书房里光线太暗，布卡将景泰蓝花瓶拿到院子里，借着月光端详。不想此时，宫廷侍卫们提刀赶来。布卡吓得仓皇逃跑……

不是你想的那样。现在没时间解释了，快逃命吧！

啊，你真的拿了皇帝的花瓶！原来你也不是什么正人君子呀！

宫廷侍卫近在咫尺，径直朝着华纳博士冲来。

为什么对准我?!

一道剑光闪过，一名宫廷侍卫的宝剑朝着华纳博士劈了下来，机器猫毫不犹豫地伸长脑袋挡在了前面。

机器猫！

被砍中的机器猫僵在了原地，一道光柱缓缓升起，笼罩住了众人。

时光穿梭模式启动了……

轰隆隆

一位工匠装扮的青年走出屋子四处张望着，手里提着一个小木桶。

这不是果园，而是果园厂，就是建造紫禁城的永乐皇帝设置的御用漆器作坊。

原来我们穿越到果园来了……太好了，我正好饿了！

你们个个身着奇装异服，尤其是这三位……莫非是被派来取御用国礼的使者？

国礼？

事情是这样的。我爷爷的爷爷的……反正就是很久很久以前啦，我们家族有位祖先叫"彼得"……

在果园厂一间偏僻的作坊里，青年友好地招呼众人进去。

再？既然已经涂过一遍，为什么还要再涂？

我叫张凯。你们随意，我得赶紧再给这块儿木胎刷一遍大漆了……

何止？总计要涂500遍才可以呢！

给我块儿木头，我今天就刷它500遍！我老人家要自己动手！

叔叔，您才43岁就自称老人家呀？

倚老卖老呗！

你不可能一天刷500遍——我们用整整两年才能刷完！

我当然可以自称老人家！我和你们一样年轻过，可你们老过吗？

生漆

我国目前发现最早的漆器为河姆渡遗址出土的朱漆大碗，距今已有约7000年的历史。

生漆也称"大漆"或"国漆"，一棵野生漆树50年才能采割出10千克生漆，所以有"百里千刀一两漆"的说法，还有人把它称为"金漆"。若用生漆制作一件工艺品，单是涂漆一道工艺就需要涂几百遍，单单这一个工序就很耗时间，为了调色还得加入桐油、朱砂、珊瑚等非常珍贵的配料。

原来古代弄漆这么麻烦。

是啊，"百里千刀一两漆"。

五年雕一器

　　雕漆前要在胎型上反复涂刷大漆，一天最多刷一层，等干透再刷第二层，遇到阴雨天气，需要两三天才能自然风干。而总计需要刷500层以上才可以开始雕刻，所以张凯说要用整整两年的时间才能刷完，然后再雕刻、打磨。

　　从开始涂抹生漆到彻底完成一件精美的雕漆作品，大约需要5年之久。

从开始到结束大概需要5年时间哟！

胎料选择

雕漆常见的材料，主要有木胎、铜料和夏布。

木胎雕漆

木料：雕漆品要经过长年累月的制作，又要进入火箱烘干四至五回，所以对木料的选择和挑剔必不可少，最好用陈年旧料，因其不容易干裂和变形。

不同的雕漆制品的木胎对木料要求也不一样：屏风要采用上等红松，雕漆串珠则用杨木、枣木为好。

那边的漆器很精美，我去那边看看。

铜料雕漆

由于铜材硬中带软，很适宜塑造各种形体，又适合铜漆吻合的需要，且易于抛光擦拭，所以铜材是制造雕漆内胎最主要的原材料。

夏布雕漆

夏布就是我们俗称的麻的织物，包括麻、麻布。夏布与生漆等一层层有规则地在胎体上糊压，待胎模干固后，便可以剥毁内部胎体，这样就可以做出内空外实的特殊效果。

第七章

Chapter 7

御用国礼

华纳博士惊得下巴都快掉下来了。

光刷油漆就要两年？上帝啊……疯狂的艺术！

这只是开始！然后我要以刀代笔，在柔软的、容易变形的漆层上雕刻出山水、花卉、人物等浮雕纹样……

用一个词来形容，就是"出刀无悔"，哪怕只是一刀出错，也就前功尽弃了。

如果一刀刻错，那么用整整两年时间才刷完的500遍大漆，就白费了。

塞西，你听见了吧！千万不许乱碰东西……刚才是谁说他自己动手来着？

你一定吃了很多苦吧？

看你的技术如此娴熟，一定练习了很多年吧？

从5岁就开始了，已经20年了。正式雕之前先学习磨刀子，磨了一个多月把手都磨破了。

顾，你看这两件作品，一件是中国红，一件是黑色的，有什么不同吗？

顾叔叔小心地拿起一件雕漆作品，专注地欣赏着。

由于所用漆色和技法不同，雕漆分别有剔红、剔黄、剔黑、剔彩、剔犀之分。

这件就是剔黑雕漆。

顾叔叔手中握着一件景泰蓝作品，脸上满是陶醉。

张凯，你刚见到我们的时候，猜测华纳博士和欧蕊他们是来取御用国礼的使者，这到底是怎么回事？

我家从唐代就开始世代雕漆，但雕漆匠最多也只能被称为"孔雀"。而现在，孔雀却飞身变成了凤凰！

孔雀变凤凰？

看着眼前几双眼睛里冒出的亮光，张凯下意识地哆嗦了一下。

靠后点儿行吗？我快喘不过气了！你们想，哪个朝代会由皇帝亲自面试雕漆匠？

你的意思是？

而永乐皇帝亲自面试了我，还夸奖我心灵手巧……

张凯沉浸在回忆中，眼睛里闪烁着异样的光彩。

这个永乐皇帝对艺术的狂热丝毫不亚于景泰皇帝嘛！

永乐帝和景泰帝是什么关系？

拜托！永乐帝是宣德帝的爷爷，而景泰帝是宣德帝的儿子！

真是艺术世家呀！

正因为永乐帝对雕漆的酷爱，这门艺术在永乐帝统治时期才登峰造极。

你们怎么说话奇奇怪怪的？

布卡和瑞瑞下意识地捂住嘴巴。

你还没回答茜茜的问题呢！那个御用国礼是怎么回事？

我捧着的这件作品，将作为皇家艺术品的最高成就馈赠给其他国家的国王！就是御用国礼啊！

果园厂

　　永乐皇帝是对雕漆最情有独钟的一位君主，他在京城专门设置了制作漆器的作坊——果园厂。

　　全国各地的优秀工匠会集到北京，相互切磋，雕漆技艺日臻完善，不同的制造工艺和艺术风格相互融合，最终创造出了北京雕漆工艺的独特面貌。

　　永乐时期果园厂的雕漆技艺精湛，作品精美绝伦，代表了明代雕漆工艺的最高水平。

下面这个人是谁？

是永乐皇帝朱棣。

清代雕漆

康熙、雍正、乾隆统治时期经济空前繁荣，宫廷生活极为奢靡。康熙年间，朝廷成立了造办处，下设"漆作"，专门制造漆器。

全国的能工巧匠再一次聚集，为皇家服务，雕漆工艺进入了发展的黄金时期，很多精美华丽、纤巧细腻的雕漆作品问世，其雕刻内容充分体现了当时太平盛世的繁华。

清乾隆雕漆 山水人物海棠型盆

古代有很多工匠服务于宫廷。

复杂的工艺

　　雕漆工艺十分复杂，要经过设计、制胎、涂漆、描样、雕刻、磨光等十几道工序，其中雕刻是最主要的工序。

　　待漆半干时，工匠才可用刀开始雕刻，根据提前设计好的图案，在胎料上面雕刻出各种图案、纹样，并衬托以各种精美的锦纹，使漆层具有浮雕效果。雕刻的刀法分平雕、浮雕、镂空雕、立体圆雕等。

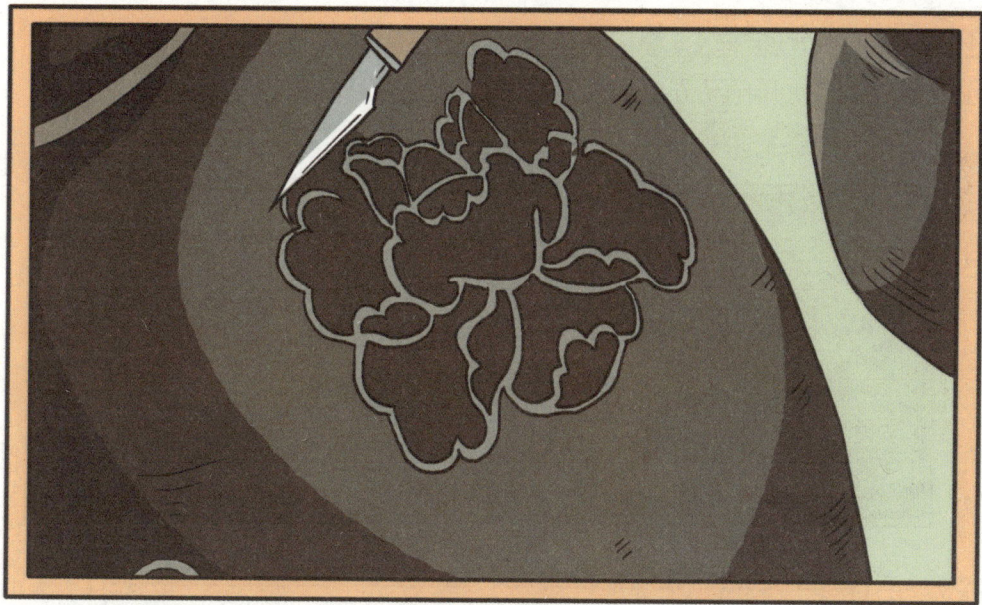

雕刻

雕漆工艺工序
这么多！

雕漆作品分类

雕漆作品一般分为剔红、剔黑、剔黄、剔绿、剔彩、剔犀等品种。

剔红的做法是在器物胎骨上髹涂一定厚度的朱漆，少则二三十道，多则百道，然后在漆的厚层上雕刻花纹。剔黑、剔黄、剔绿等技法与之相同，只是漆色不同。

剔彩为雕漆的一种，也是以漆层雕刻，但技法与剔红等完全不同，它是用不同颜色的漆分层髹涂，使用某色时，便剔除在它之上的漆层，再在需要的漆层上面雕刻，使其作品五色灿烂。

剔犀和剔彩工艺相同，不过在髹涂器物胎骨时，一般只用红黑两种颜色。

剔黄

剔彩

剔犀

Chapter 8

不翼而飞的古书

华纳博士和瑞瑞的肚子几乎同时发出咕噜咕噜的声音。

好饿……

咕噜咕噜……

"吃货"们总是这么煞风景……

张凯打来很多饭菜，大家一起狼吞虎咽地吃起来。

吃饭喽!

咦？和你们一起来的那位先生——呃，就是穿着带尾巴的怪衣服的那位——怎么不坐下来一起吃饭？

惊讶!!

穿带尾巴的怪衣服的人？他说的好像是燕尾服……

不对呀，我们7个人里没有穿燕尾服的呀！

7个人？明明是8个呀！

您一定是看错了……咦，古书呢？

糟糕！难道是掉在皇宫里了？

古书？我看到过，被那位穿带尾巴衣服的先生拿走了……

一个黑影从隐蔽处闪现出来，身着一身考究的燕尾服。

你们终于发现丢东西了！别这么紧张嘛，老朋友相见应该很惊喜才对！

是够惊的……

果然是你，霍曼！

警惕性也太差了！

欧蕊想冲过去解救弟弟，但被华纳博士死死拽住。

机器猫夸张地跳起了舞蹈。

别轻举妄动，他手里有武器！

霍曼伯爵，欢迎你欣赏草裙爵士舞……

没听说过！华纳，你设计出的东西和你一样笨！

趁霍曼的注意力被机器猫吸引，华纳博士成功地救出塞西。

可恶！

叔叔！

我从不以强凌弱——我欺负他之前真不知道他比我弱，而且这么弱！

霍曼飞起一脚，重重地踢在华纳博士的头上，博士倒地时脑袋又撞到了一个木桶。

众人焦急地围着昏迷不醒的华纳博士，霍曼狞笑着逼近机器猫。

来吧，我亲爱的费尔曼，带着我穿越吧！

被霍曼制服的机器猫，面色冷峻地扭动了脑袋上的一个按钮。

不要！叔叔说那是一个自毁按钮！

这是唯一的办法了，自毁状态下时空穿越功能可以迅速启动！同仁堂，走起！

轰隆隆——

在同仁堂前，机器猫僵在角落里一动不动，众人含泪呼唤着它。

呜呜哇哇——

没用的……

现在不是难过的时候，先赶紧救治华纳博士吧！

在同仁堂里，慈眉善目的老中医专注地给华纳博士把脉。

只要这么把把脉就能看脑袋的病？至少得做个脑电波图吧！

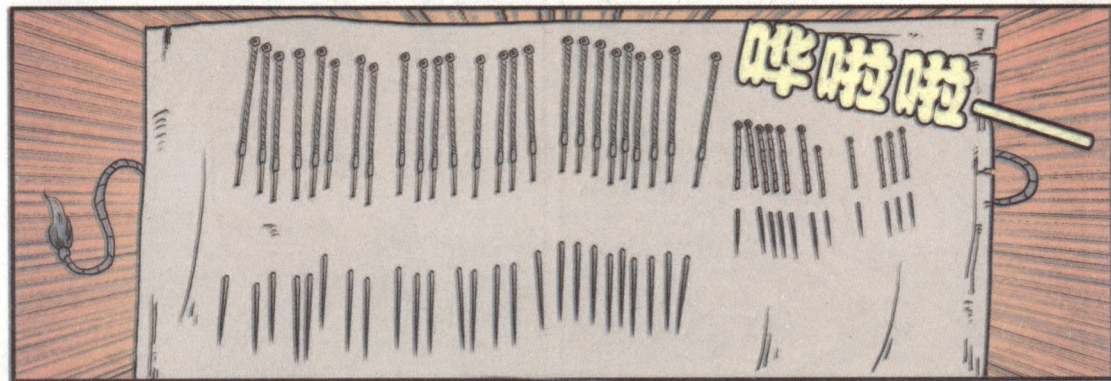

同仁堂的创立

　　北京同仁堂创建于清代1669年，创始人乐显扬曾是清朝太医院的医官，汇集了大量的家传秘方、太医良方、宫廷秘方等。

　　同仁堂创立之后很快声誉大振，迅速传遍全国。1723年，雍正皇帝钦定，御药房的药也必须到同仁堂挑选。同仁堂从此开始为皇家供奉御药，这一供就是188年，历经8代皇帝。

真是太古色古香了！

这就是百年老店吗？

针灸

针灸是中医针法和灸法的总称，是一种"内病外治"的医术，通过通经脉、调气血，使阴阳归于相对平衡，从而达到治疗和预防疾病的目的。

针法是用特制的金属针，按照一定的角度刺入患者体内，运用捻转等针刺手法来刺激人体特定部位。

灸法是以艾绒为主要材料，点燃后直接或间接熏灼体表穴位的一种治疗方法。

针法

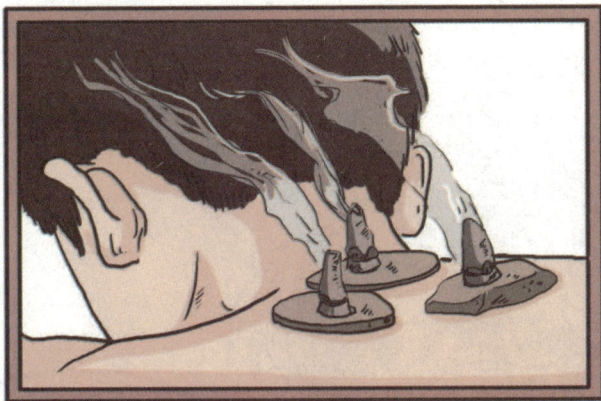

灸法

严恪古训

300多年来，同仁堂人始终恪守"炮制虽繁必不敢省人工，品味虽贵必不敢减物力"的古训。

比如在制紫雪散的过程中，按照古方需要用黄金百两一起蒸煮，同仁堂收集了家中所有的金首饰铸成百两金块，放在锅里蒸煮。

同仁堂经营的各种中成药著称于世，自制名药有安宫牛黄丸、牛黄清心丸、乌鸡白凤丸等。

中医的特点

中医是研究人体生理、病理以及疾病的诊断和防治等的一门学科。它诞生于原始社会，在春秋战国时期中医理论已基本形成，之后历代均有总结发展。它是中国劳动人民几千年的智慧结晶。

中医主要是通过"望闻问切"的诊断方法，探求人体内五脏六腑、经络关节、气血津液的变化。制定"汗、吐、下、和、温、清、补、消"等治法，使用中药、针灸、推拿、按摩、拔罐、气功、食疗等多种治疗手段，达到治病救人的目的。

第九章
chapter 9

奇妙的中医

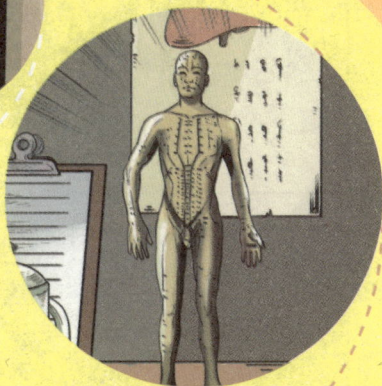

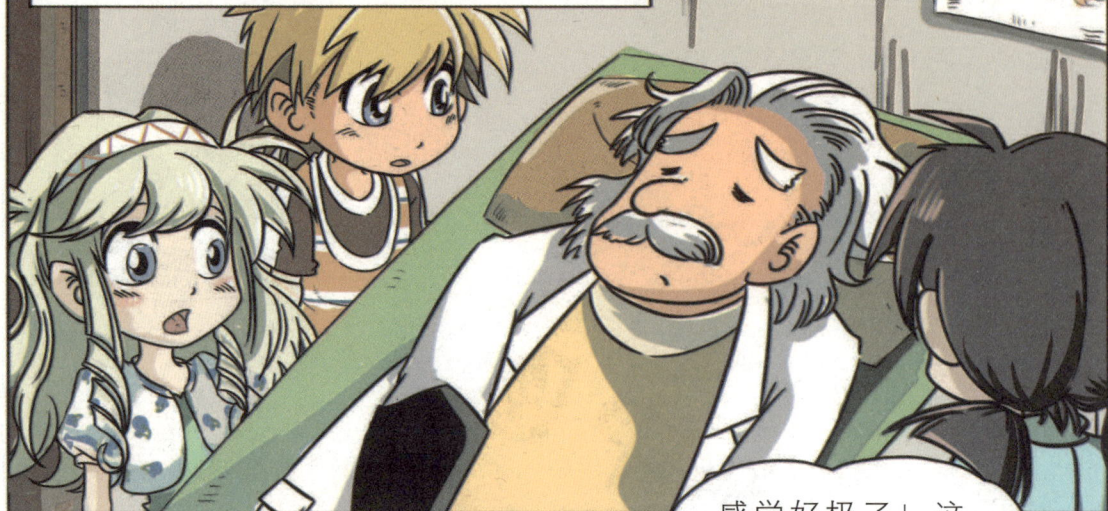

在隐蔽的小巷里，华纳博士按下机器猫的修复按钮。

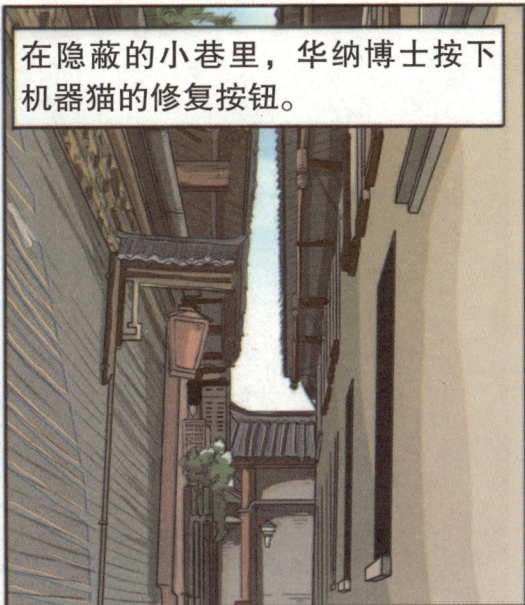

放心吧，科学天才怎么会让自己的杰作自毁？

叔叔，机器猫为什么一动不动？

需要3个小时才行。

等机器猫恢复，我们就想办法把古书夺回来！

布卡对柜台上摆放的一个小铜人产生了浓厚的兴趣。

这个小铜人好特别，上面有很多密密麻麻的小孔。

每个小孔代表一个穴位……针灸铜人可是同仁堂的镇店之宝，除了这些穴位，内部还安置着可以活动的五脏六腑。

塞西着急地在平板电脑的词库里搜寻着五脏六腑的含义。

结果出来了——5个仓库、6个宫殿？

五脏六腑等于5个仓库和6个宫殿？哈哈哈，笑死我啦！

小铜人上涂了什么呀，滑滑的？

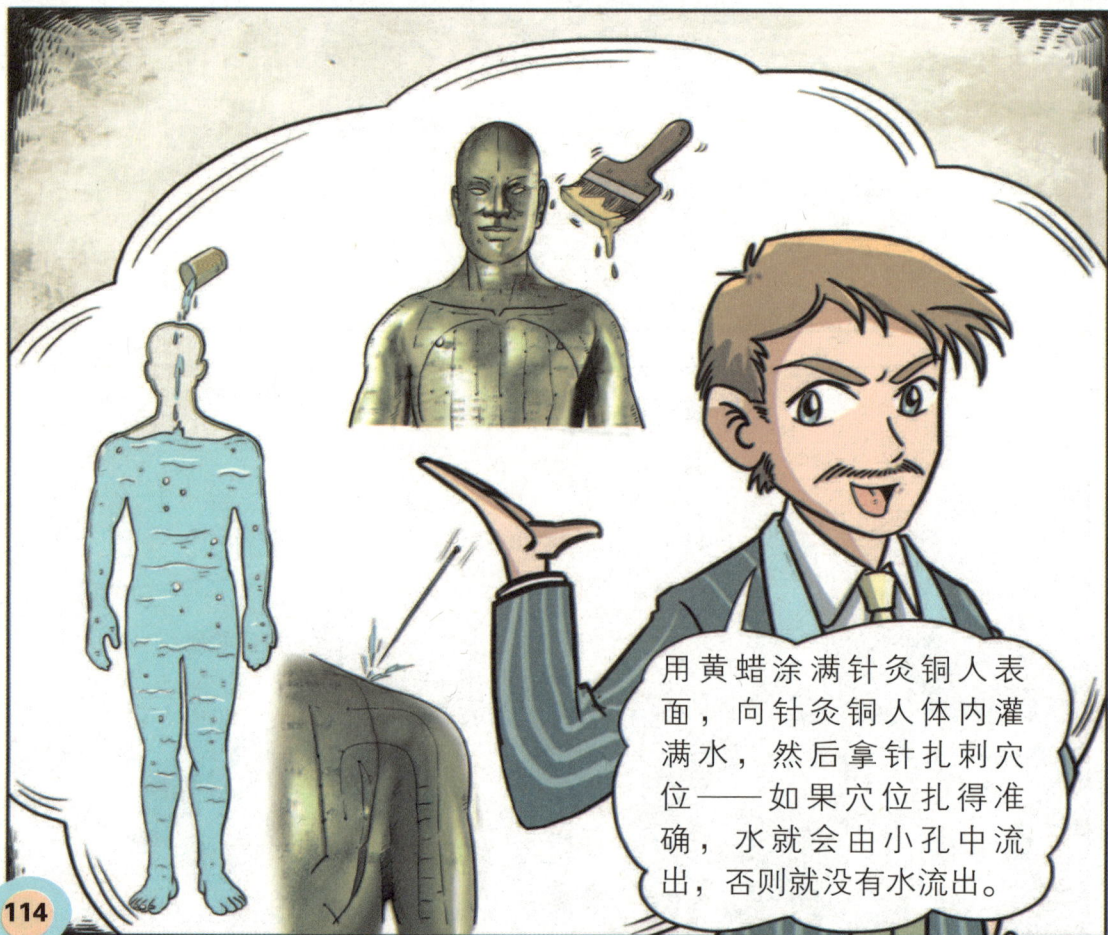

那么多木匣是干什么用的呀？

木匣里装的是中药材，按照处方抓药后需要煎服。

除了植物药材外，还有蛇胆、鹿茸等动物药材，以及贝壳、珍珠等矿物药材。

他们怎么知道这些东西能治病？

一代代累积下来的宝贵经验，比如明代的李时珍，曾经亲自遍尝百草。

太了不起了！

所以后人尊称他为"药圣"。咦？那不是机器猫吗？！

我读过一本关于李时珍的书，说他有一次为了尝草药身中剧毒，差点儿丢了性命……

中成药

中成药是指用中药材按一定配方制成、随时可以取用的现成药品，如丸剂、冲剂等。

中成药存贮、使用十分方便，多为经过特殊加工浓缩而成的制成品，因此每次需用量远远少于中药煎剂。此外，几乎所有中成药都大大减淡了煎服式中药材特有的异味，患者在服药时更容易接受。

中药煎剂

中药煎剂又称为"汤剂"，是指将按处方配的中药材，加水放入煎药锅内煎煮一段时间，然后去渣得到的液体。

汤剂历史悠久，服用时人体更容易吸收，可以迅速发挥药效；可以根据病人的病情变化，灵活增减药味及药量。

中药著作

中药在古籍中通称"本草"。我国最早的一部中药专著是汉代的《神农本草经》，唐代颁布的《新修本草》是世界上最早的药典。

唐代孙思邈被尊称为"药王"，他编著的《备急千金要方》和《千金翼方》对后世影响极大。

明代李时珍的《本草纲目》，记载了1892种草药，附处方11000多个，对药物学的发展做出了重大贡献。

看漫画
领专属角色头像

跟着书本去旅行
在阅读中了解华夏文明

01
角色头像
把你喜欢的
角色头像带回家

02
阅读延伸
了解更多
有趣的知识

03
趣味视频
从趣味动画中
漫游中国

还有【阅读打卡】等你体验